Waldmüller

Bilder und Erlebnisse

Ferdinand Georg Waldmüller

Alpha Editions

This edition published in 2022

ISBN : 9789356901124

Design and Setting By
Alpha Editions
www.alphaedis.com
Email - info@alphaedis.com

Waldmüller
Bilder und Erlebnisse

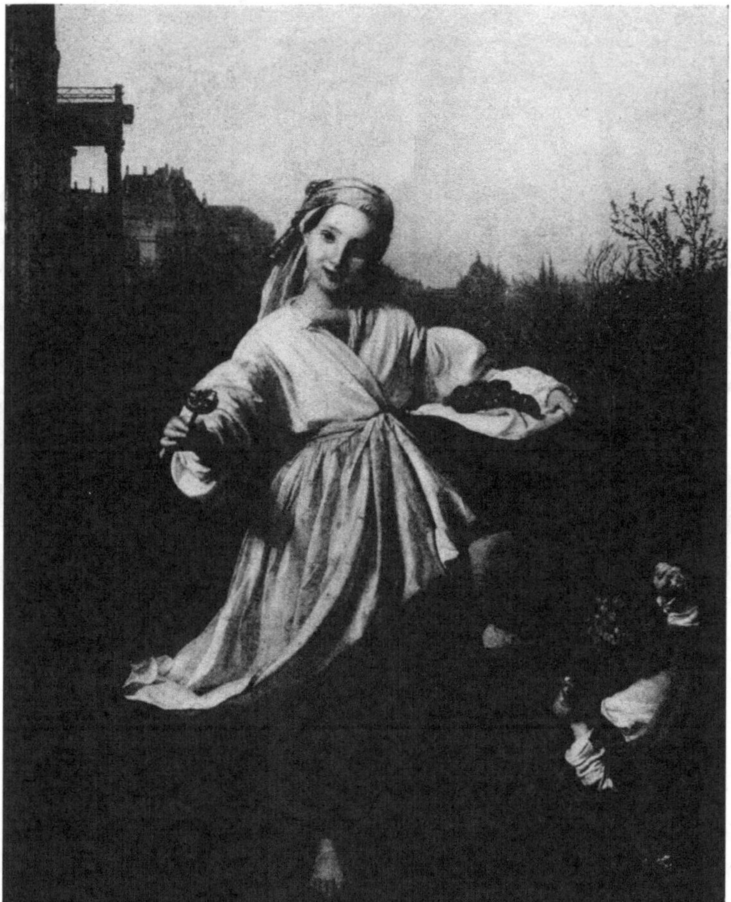

Die Veilchenverkäuferin
Phot. J. Löwy, Wien

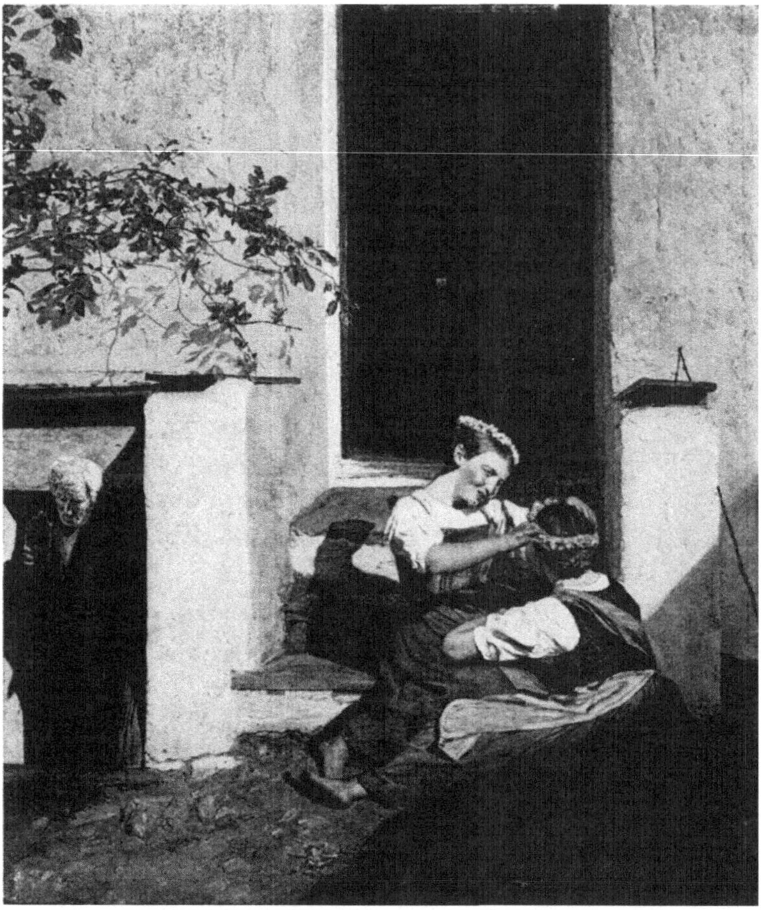

Kränze windende Kinder
Phot. F. Bruckmann, München

Ferdinand Georg Waldmüller

Wo ist das alte Wien? Das Wien Schuberts und seiner Freunde, das Wien Raimunds und Stifters, das Wien Schwinds und Waldmüllers? Das alte, große, goldene Wien, das expreß vom Himmel gefallen schien, um eine Hochburg zu sein der Gemütlichkeit und Empfindungsinnigkeit, der Lebensfreude und jener schönen Treue zum Alten in Brauch und Sitte, die ein Beweis hoher völkischer Kultur ist?

Ach, es ist mit all seinen Holdseligkeiten unwiederbringlich dahin! Wie Kuriositäten stehen seine Überbleibsel, darunter die Fiaker am Graben, inmitten der Weltstadt, die ohne Physiognomie ist, deren „Wienertum" sich aufgelöst hat in ein Chaos von Erscheinungen, die keine innere Beziehung zu einander haben, die keine Einheit werden konnten und wohl auch nie eine Einheit werden können. Das Völkergewirr Groß-Österreichs spiegelt sich im Bilde Wiens, und der Tag wird kommen, wo der letzte „ganz echte", rassereine alte Wiener von dem schönen Höhenweg am Kahlenberg, zwischen Grinzing und Heiligenstadt, wehmütig hinübersinnt zu der Stadt, die nicht mehr die seinige ist...

Freunde Alt-Wiens flüchten von solchen unerfreulichen Aussichten hinweg in die Kulturmagazine vergangener Zeit. Sie eilen ins Kunsthistorische Hofmuseum, in die „Moderne Galerie", ins Museum der Städtischen Sammlungen, und sie stehen dort mit besonderer Andacht still vor den Gemälden des teueren lebensfrohen Meisters unserer Großväter: Ferdinand Georg Waldmüller.

Dieser Waldmüller besitzt die Altwiener „Nuance" in ihrer unzweideutigsten Erscheinung. Ist er doch selber ein echtes Wiener Kind, herausgewachsen aus jener bürgerlichen Mittelschicht der Bevölkerung, die die Lebenshaltung und den Charakter der Stadt zu ihrer Zeit bestimmte. Und ist er doch gerade zur rechten Zeit zur Welt gekommen, um die Umwandlung der Stadt aus der Kaiserresidenz in die gemütliche und dabei so elegante Bürgerstadt des Herrn und der Madame Biedermeier mitzuerleben.

Waldmüllers Vaterhaus stand in Wien am Tiefen Graben, es war das Gasthaus „Zur Weintraube", dessen Bewirtschaftung Waldmüllers Vater betrieb. Der Geburtstag Ferdinand Georg Waldmüllers ist der 13. Januar 1793, ein bedeutungsvolles Datum, denn es verrät, daß Waldmüller die welterschütternden Umwälzungen der napoleonischen Zeit, die insonderheit Wien, das Volk und das Kaiserhaus Österreichs in Mitleidenschaft zogen, im aufnahmefähigsten Jünglingsalter miterleben mußte.

Waldmüllers Weg zur Kunst war kein ebener. Er mußte viele Hindernisse überwinden, bis er sich ganz und sorglos seiner holden Göttin weihen konnte. Er hat uns darüber und über die verlorenen Jahre seiner ersten Ehe in einem kurzen Lebensabriß, den er einer seiner Flugschriften mitgab, selbst berichtet; da diese Autobiographie im Folgenden zum Abdruck gelangt, braucht hier von seinem Werdegang nichts erzählt zu werden. Zudem steht die Geschichte seines Lebens in seinen Bildern geschrieben. In denen erleben wir den Aufstieg mit, und so bedarf es nur einiger Daten, die den wichtigsten Stationen von Waldmüllers Laufbahn gelten.

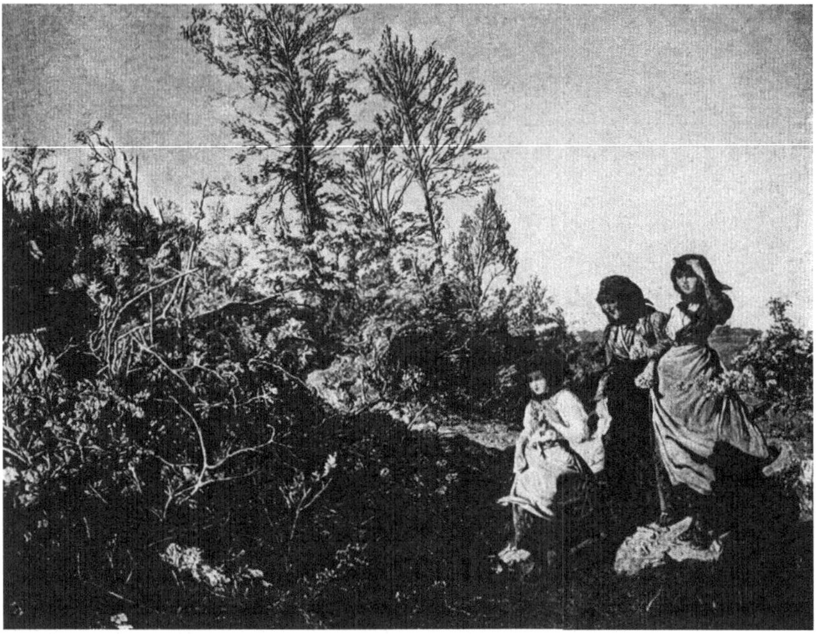

Kirchgang im Frühling

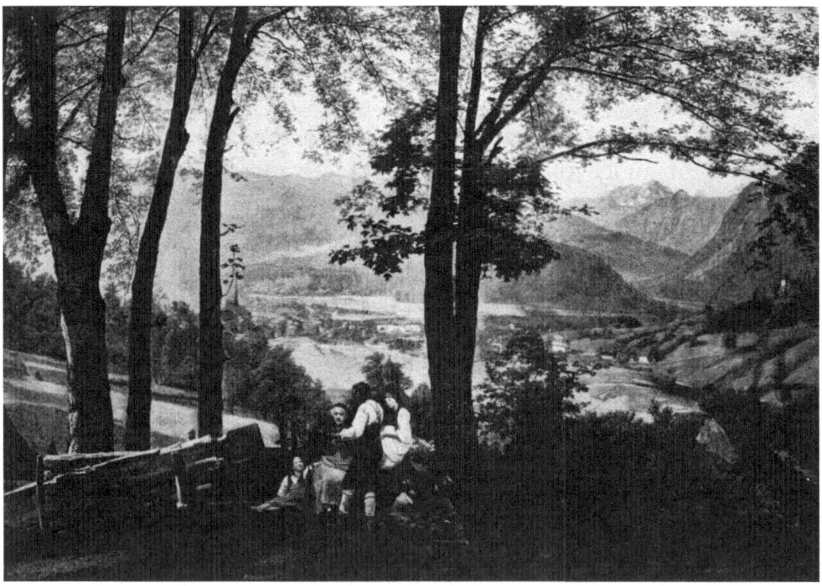

Bei Ischl

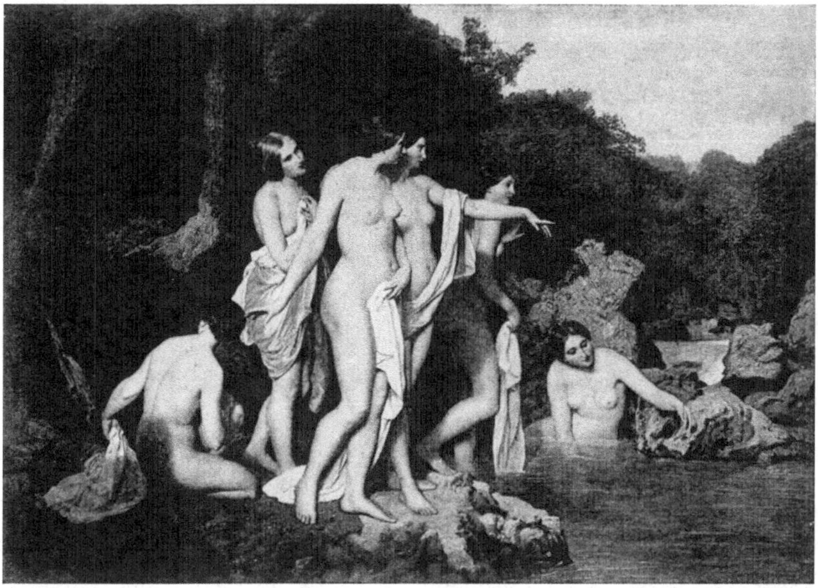

Badende Frauen

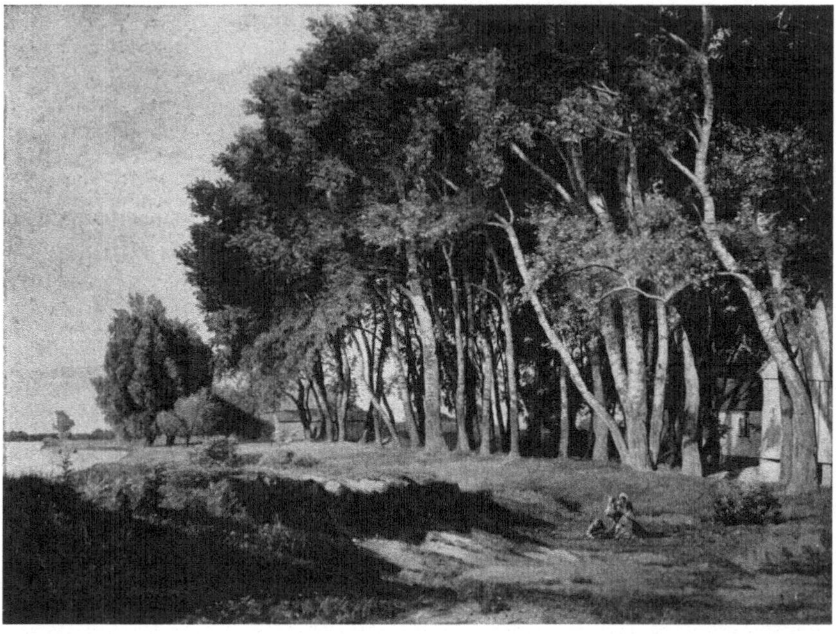

Aus den Praterauen

Im Jahre 1822 öffneten sich ihm die Pforten der Akademie-Ausstellung. Fünf Bilder von ihm standen aus und gefielen. 1826 reiste er zum erstenmal nach dem Süden. In Rom fesselten ihn die alten Italiener der Galerien: gewaltsam mußte er sich von ihnen losreißen – noch neunzehnmal kehrte er im Laufe seines Lebens zu ihnen zurück. Jedesmal waren sie ihm von neuem ein Jungbrunnen, ein Bad künstlerischer Erneuerung und Wiedergeburt. 1830 wurde er als Professor an die Wiener Akademie berufen, im gleichen Jahr besuchte er zum erstenmal Paris. In der Folge wurde er kaiserlicher akademischer Rat, Kustos der Lambergschen Galerie, und in dem Maße wie es diese Ehren auf ihn niederhagelte, gewannen seine Beziehungen an Bedeutung, hob sich seine gesellschaftliche Stellung. Er aber blieb der echte alte Wiener. Ein Wiener auch in der amoureusen Untermalung seines Charakters. Von den Frauen kam er nicht los. Davon spricht sein Werk. Ach Gott, welch zarte Holdchen hat er gemalt! Frühlingsgesichterl – noch ganz naiv, und doch lacht schon aus dem Augenwinkel, aus einem Fältchen des kokett geschürzten, süßen Mäulchens das Weib! Und wieder andere, voll Glut und Rasse, sinnbetörend, liebeheischend und liebeverheißend! Die rassigste von allen, Anna Bayer, Tochter eines Buchdruckers, ist seine zweite Gattin geworden. Als dies geschah, war Waldmüller kein junger Mann mehr. Es trug sich nach dem Sturmjahre 1848 zu. Er zählte 56 Jahre. Aber Selbstbildnisse bezeugen es, daß dieser Mann, vor dem das Leben nur noch als Spätsommernachmittag lag, noch ein lebenslustiger Kavalier gewesen sein muß, der selbst einer Anna Bayer gar wohl gefallen konnte... Waldmüllers Ruhm stieg. Zumal im Ausland; in London z. B. hatte er aufsehenerregende Erfolge. Er zeigte dort einmal einunddreißig Gemälde; alle einunddreißig wurden verkauft; keines kehrte in die Heimat zurück. Glücklicherweise, möchte man sagen, denn in Wien zahlte man für einen „Waldmüller“ Spottpreise. Das mochte seinen Grund nicht zuletzt darin haben, daß Waldmüller immer Geld brauchte und seine Bilder sozusagen um jeden Preis verkaufte. Denn auch darin ein echter Wiener, hatte er den Stich ins Großartige. Und ins Leichtsinnige und Verschwenderische. Einmal veranstaltete er eine Auktion, bei der etwa hundert Werke ausgeboten wurden. Einige davon erzielten Preise bis zu dreihundert Gulden. Aber für andere gab es tatsächlich nicht mehr als zehn Gulden. Und das fanden die lieben guten Wiener ganz in der Ordnung. Darin erblickten sie beileibe nichts, das ihren Meister kränken konnte. Das war nun einmal so. Man gab zehn Gulden für eine Studie und hing sie voll Stolz und Vergnügen an die Wand und rühmte sich des Besitzes. Ich glaube übrigens, auch Waldmüller selbst nahm das nicht tragisch. Er produzierte ja leicht, mehr als dreihundert durchgearbeitete Werke seiner Hand sind bekannt, und enorm ist die Zahl seiner Studien, Skizzen, Zeichnungen. Ärgerte er sich aber einmal recht aus Herzensgrund über seine Landsleute und sein Wien, so schrieb er eine gallige Epistel, oder reiste ein bißchen nach Sizilien. Und zurückgekehrt malte er ein desto schöneres Bild. Das ist es, was – trotz äußerer Hemmungen – Waldmüllers dauernden Aufstieg darstellt. Er ist einer der ganz Seltenen, deren Kunst im Alter nicht zurückgeht, sondern immer reifer, feiner, differenzierter wird. Im Jahre 1857 wurde Waldmüller mit halbem Gehalt (vierhundert Gulden!) pensioniert, weil er sich mit seinen Flugschriften wider die Auswüchse des akademischen Kunstunterrichts mißliebig gemacht hatte. In Briefen und Eingaben kämpfte er gegen diese Unbill, lange vergeblich und aussichtslos, so daß er sich zuletzt sogar darauf beschränkte, nur mehr um die ihm vorenthaltenen vierhundert Gulden zu ringen! Man schrieb schon 1864, als man Waldmüller endlich Gehör gab und ihn wieder in seine Rechte einsetzte: es war höchste Zeit, denn er hatte nicht mehr lange zu leben. Am 23. August 1665 starb er ganz unerwartet. Er stand an der Staffelei, auf der ein Gemälde mit dem bedeutungsvollen Titel „Wiedererstehung zu neuem Leben" seiner Vollendung entgegenharrte. Da streckte ihn ein Schlaganfall nieder: wie eine blitzgetroffene Eiche brach er zusammen...

Was Waldmüller malte? Alles. Er gleicht darin Wilhelm Leibl, der einmal seiner Mutter schrieb, man müsse es in sich haben und ein bestimmtes Verhältnis zur Natur (womit er die Umwelt überhaupt meinte), dann sei es gleich, was man male: Landschaften, Figuren oder Stilleben, es müsse einem alles gelingen. So auch Waldmüller. In seinen Porträten ist bezaubernde Charakteristik. Wenn er seine Frau Anna malt, so spritzt Sinnenfreude aus jedem Pinselstrich. Wenn er die alte Frau Bayer ins Porträt setzt, so wird es die Verkörperung der tüchtigen Wiener Bürgersfrau. Das Porträt des Fürsten Rasumoffski ist ein psychologischer Essai über Adel und Diplomatie. Kaiser Franz I. wird unter seinem Pinsel zum Prototyp des Habsburgers. Adalbert Stifter aber ist – wirklich Adalbert Stifter. Und die Familienporträts des Persenbeuger Schiffmeisters Mathias Feldmüller, des „Donau-Admirals", und der Seinigen, namentlich seiner schönen und bizarren Tochter Rosalia, zeigen uns Charaktere auf, die in einem Roman von Bartsch vorzügliche Figur machen müßten.

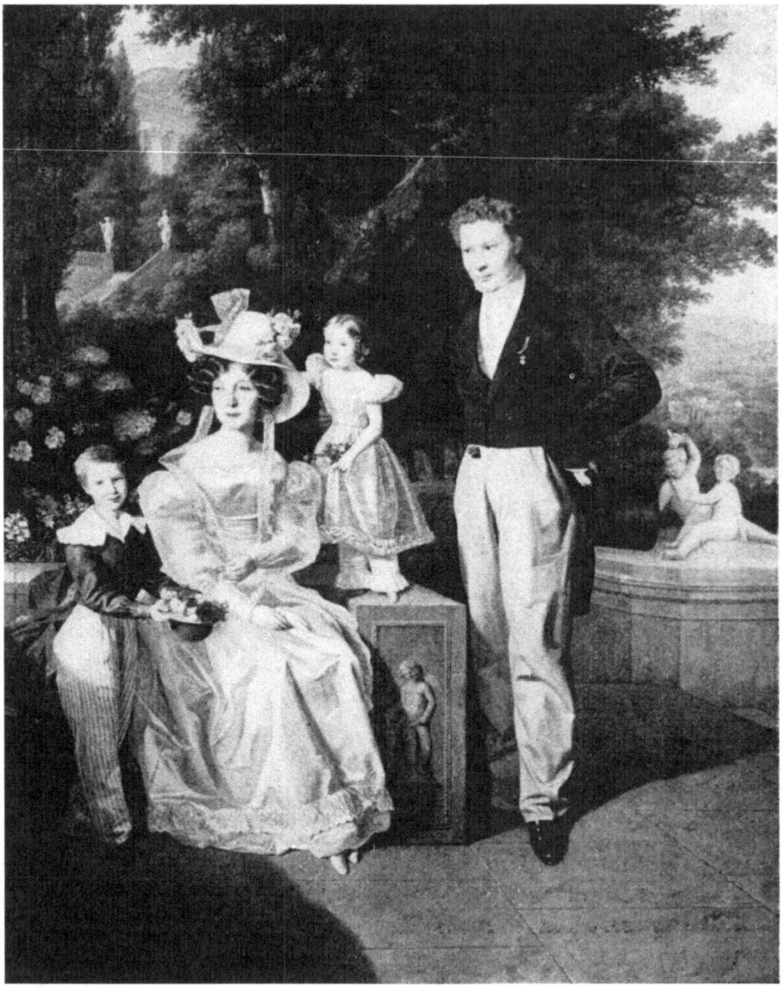

Familienbild
Phot. F. Bruckmann, A.-G., München

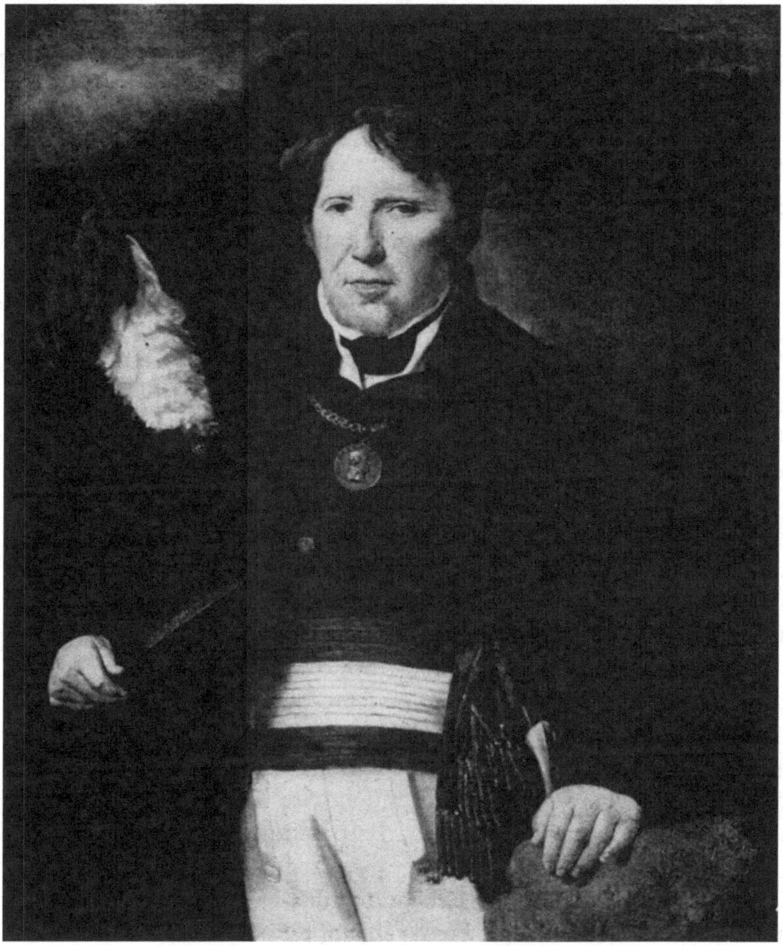

Der „Donau-Admiral"
Schiffmeister Feldmüller von Persenbeug
Phot. F. Bruckmann, A.-G., München

Wie er hier die Psyche allemal mit verblüffender Sicherheit packte, so hat er bei seinen Genrebildern, die indessen keine „Genrebilder" im anekdotischen Sinn, keine gemalten Moralitäten sind, jedesmal die richtige Situation zu erfassen und zu bannen gewußt.

Das Höchste aber hat er als Landschafter, als Freilichtmaler geleistet. Wenn schon ein Vergleich mit einer ähnlichen künstlerischen Erscheinung sein muß, so möge man Waldmüller den „österreichischen Constable" nennen. Wie Constable steht Waldmüller innerhalb seiner nationalen Schule als Landschafter an der Spitze einer Entwicklungsreihe. Wie Constable, jedoch unabhängig von ihm, predigt er das Evangelium der Luftmalerei. Das heißt: Landschaft und Hintergrund sind bei ihm nicht mehr Fläche und Gobelin, nicht mehr buntstaffierte Teppiche, sondern Selbstzweck; eine ganz merkwürdige Plastik ist in ihnen.

Gerne malte er den Frühling und den jungen Sommer. Das zarte, fast noch gelbliche Grün hatte es ihm angetan. Schüchtern belaubte Äste und Zweige heben sich wie Silhouetten von dem wahrhaft himmlisch blauen Himmel ab. Wie sind seine Praterlandschaften voll seliger Frühlingspracht! Man glaubt irgendwo eine Lerche tirillieren zu hören. Ein Übermaß brünstigen Naturgefühls ist über diese Landschaften ausgeschüttet. So kann diese Prateraucn nur empfunden und gemalt haben, wer sie an einem Maitag mit einem blitzsauberen, lieben, braunäugigen Wienermädel am Arm durchwandert hat. Aber auch nachempfinden kann das dem teuerwerten Meister nur einer, der gleich ihm, im Prater einmal unter Palmen gewandelt. Eine rechtschaffene Frühlingsstaffage belebt seine Frühlingsbilder: Kinder oder junge Liebesleut! In aller Augen blitzt Heiterkeit, sie sind entfernt von Sorge und freuen sich am wärmenden Sonnenlicht. Das ist die frohe, junge Zeit, weiter hinauszuschweifen in die Umgebung Wiens, in den Wienerwald und zum Kahlenberg, dorthin, wo aus dem smaragdenen Moos die ersten Veilchen brechen und Schneeglöckchen sprießen, mit lautem Jubel begrüßt von den jugendlichen Pflückerinnen. Und wo – nun es schon völlig Frühling geworden – die Maiglöckchen ihren rassigen Blütenduft verströmen. Wie ein frisches Naturparfüm aus Frühlingsblumen weht einem die Stimmung entgegen aus Waldmüllers Frühlingsbildern, die in seinem reichen Werk die schönsten sind. Diese Frühlingsstimmung wird zuweilen auch lebendig auf seinen Figurenbildern, z. B. wenn er das prachtvoll gruppierte Familienbild des Herrn von Eltz malt und dabei die ganze Schar der ihm lieben Menschen in die ihm kaum minder liebe Salzkammergut-Landschaft stellt. Wie vertraut sind ihm diese Herrlichkeiten: St. Wolfgang mit seinen malerischen Straßen und Winkeln, von dem ferngrüßenden Schafberg überragt, Ischl und sein See und die Hütteneckalm, zu der wie ein Schwarm bunter Schmetterlinge eine Schar draller und ranker Mädel emporgestiegen ist, um in seliger Rast hinabzusehen auf das weite Frühlingsland. Der majestätische Dachstein, der Leopoldsberg und Klosterneuburg und all die Herrlichkeiten, die sie zur guten Frühlingszeit darbieten, mitsamt den Menschen, lustigen, bunten Weiblein zumal, das alles ruhte – wie Goethe seinen Werther sagen läßt – „in seiner Seele wie die Gestalt einer Geliebten." Werther! – das ists: unwillkürlich greift man, da man den Zusammenklang verwandter Naturen mit „innerem Ohr" vernahm, zu Goethes brünstigem Bekenntnisbuch, schlägt auf und liest dies: „Eine wunderbare Heiterkeit hat meine ganze Seele eingenommen, gleich den süßen Frühlingsmorgen, die ich mit ganzem Herzen genieße. Ich bin allein und freue mich meines Lebens in dieser Gegend, die für solche Seelen geschaffen ist, wie die meine...." und was weiter geschrieben steht, heißen Naturgefühls voll, unter dem fingierten

Tagebucheintrag vom 10. Mai. Aus der gleichen Liebe heraus, aus der Werther tatenlos phantasiert, schafft Waldmüller. Die Liebe, weitausgreifend, allumschlingend, ist in beiden. Bei Waldmüller die höchste Spezies dieser Liebe: die wirkende, über sich selber hinauswachsende, in Werken sich bekundende. Das ist die Bedeutung von Waldmüllers Werk: weil es aus einer heißen Liebe heraus entstanden ist, darum ist es heute noch fähig, heiße Liebe zu erwecken.

Georg Jacob Wolf.

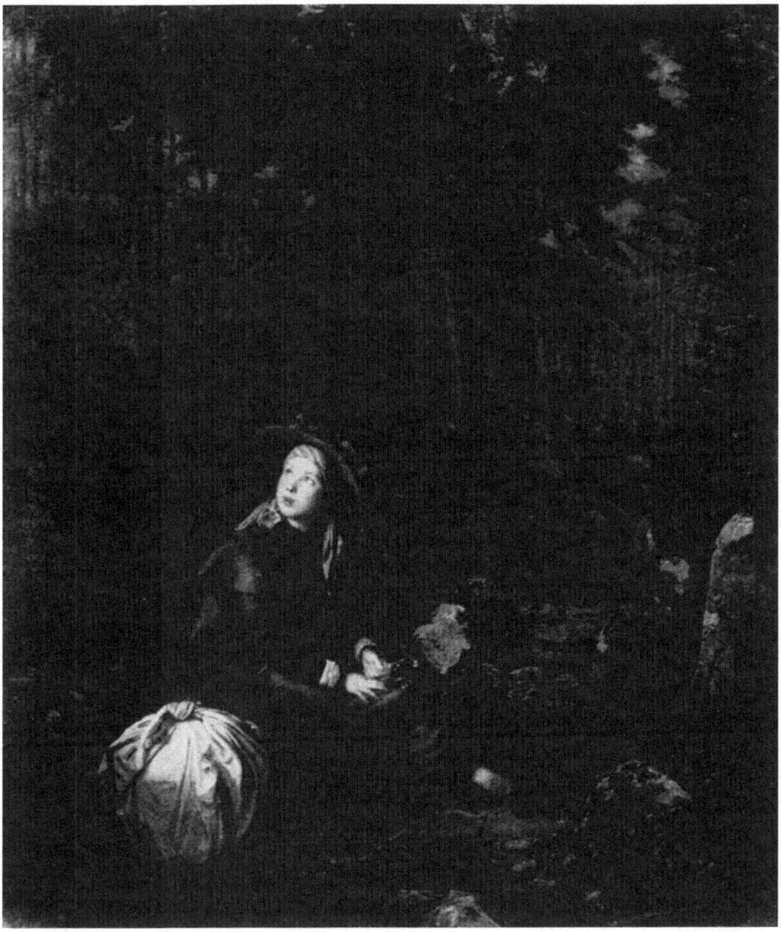

Rast im Walde
Phot. J. Löwy, Wien

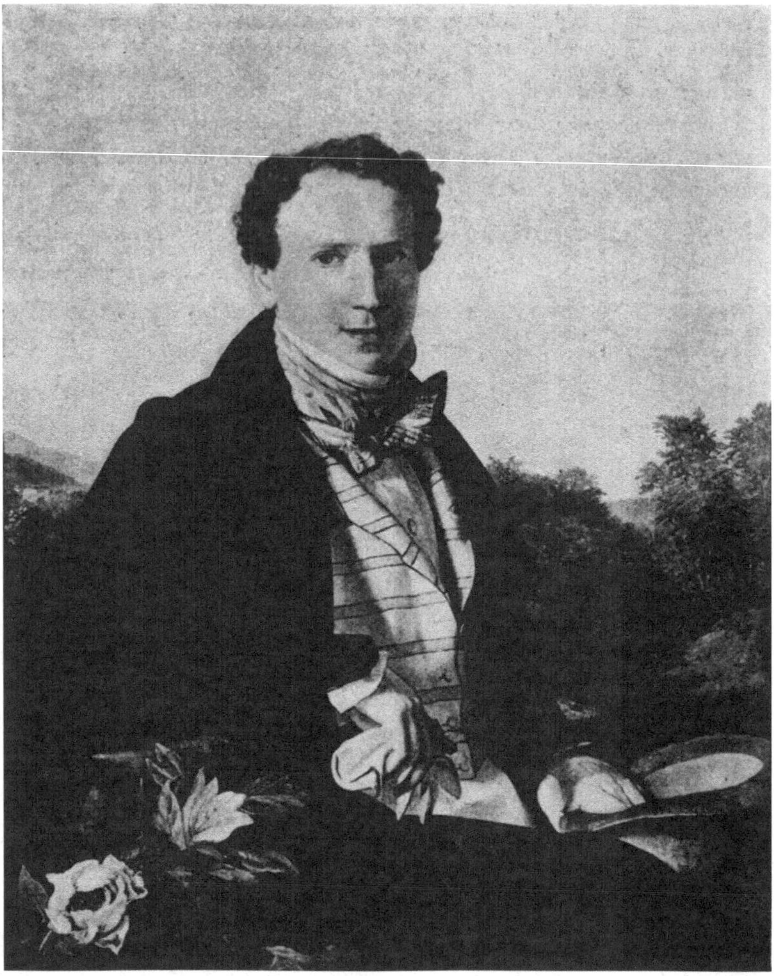

Jugendliches Selbstbildnis Waldmüllers

Aus Waldmüllers Schriften und Briefen

Waldmüller erzählt von seinem künstlerischen Werdegang und seinen erzieherischen Plänen

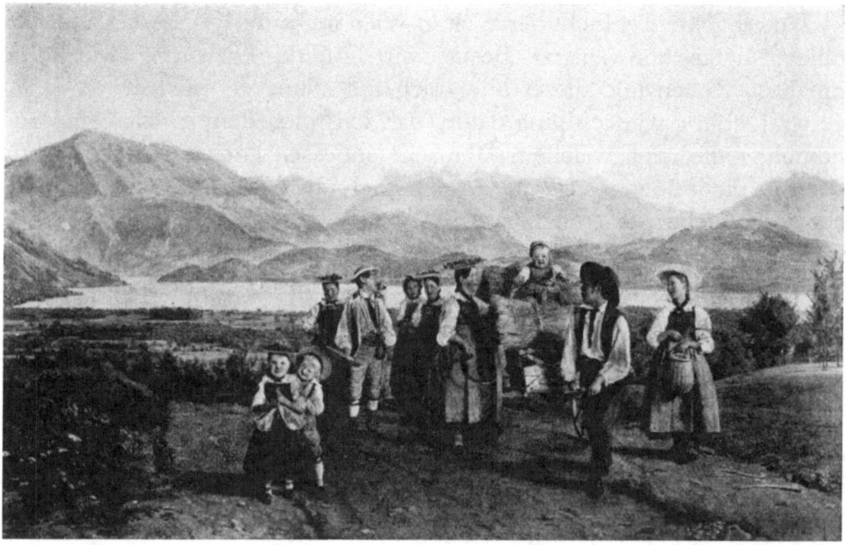

Heimkehr der Schnitter
Phot. J. Löwy, Wien

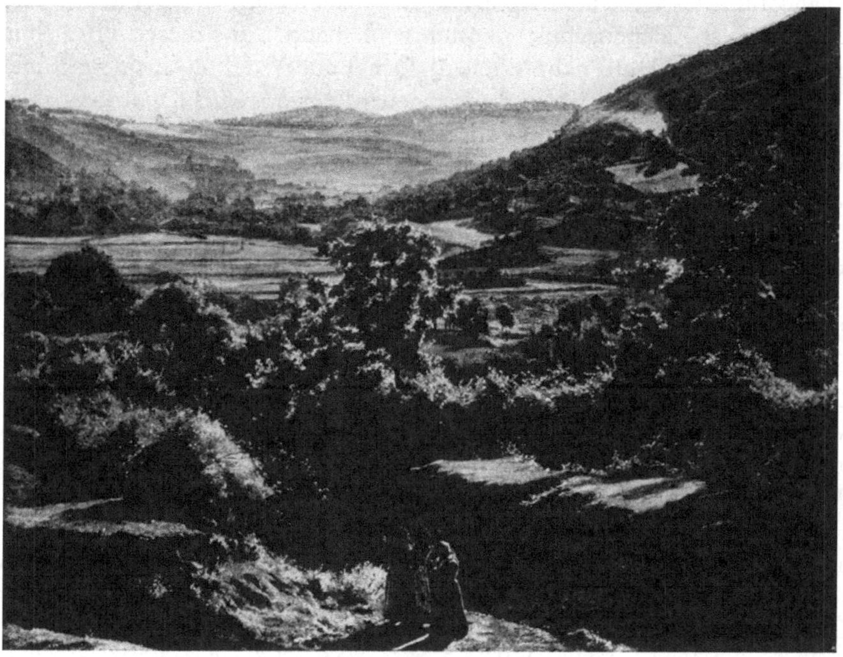

Hügellandschaft
Phot. J. Löwy, Wien

Ich erblickte das Licht der Welt in Wien im Jahre 1793. Mein Vater war früher Militär und zuletzt Bestandwirt. Meine Erziehung wurde den damaligen Zeiten und dieser bürgerlichen Stellung gemäß geleitet. Meiner Mutter Lieblingswunsch ging dahin, daß ich mich dem geistlichen Stande widmen sollte, mit welchem Wunsche indessen meine eigene Neigung durchaus nicht übereinstimmte. Als ich noch Knabe war, äußerte sich in mir schon die Liebe zur Kunst, und obschon verworren und unklar, wie die Begriffe sich in so zartem Alter gestalten, schwebte mir als Ideal meiner Bestimmung eine Wirksamkeit in diesen Kreisen in den glänzendsten Farbenspielen einer jugendlichen Einbildungskraft vor. In meinem elterlichen Hause ward diese Richtung nicht beachtet, doch wußte ich jede freie Stunde während des Studiums der drei Grammatikalklassen zum Zeichnen zu benützen. Donnerstag und Sonntag, als den Schulferientagen, nahm ich in einer Privat-Zeichenschule Unterricht im Blumenzeichnen. Binnen kurzem ward ich daselbst durch meinen rastlosen Fleiß, durch den Eifer, der mich beseelte, als der ausgezeichnetste unter den Schülern bemerkbar. Der Lehrer selbst, der sich an meinen raschen Fortschritten erfreute und deshalb besonderen Anteil an mir nahm, gab mir den Rat, mich im Figurenzeichnen zu versuchen, wozu ich eine besondere Neigung und ungewöhnliches Geschick zeigte. Der Rat war allerdings gut gemeint, aber in jener Privat-Zeichenschule konnte niemand in dieser Beziehung entsprechenden Unterricht erteilen. Der Funke, der in meinem Innern glühte, war durch den guten Lehrer neuerdings angefacht worden. Immer weniger vermochte ich dem Drange zu widerstehen, der Kunst mein Dasein zu weihen. Ich beschloß, die k. k. Akademie der bildenden Künste zu besuchen und dort jenen Unterricht zu empfangen, durch welchen ich an das Ziel zu gelangen hoffte. Unter solchen Umständen mußte ich natürlich meine Mutter in Kenntnis von meinem Vorhaben und der Bestimmung, welche ich mir zu geben entschlossen war, setzen. Es war mir indessen durchaus unmöglich, ihre Zustimmung zur Wahl eines, ihren Wünschen so entgegengesetzten Standes zu erhalten. Als sie sah, daß alle ihre Gegenvorstellungen vergebens waren, griff sie sogar zu dem äußersten Mittel, mir mit unerbittlicher Strenge alle Subsistenzmittel zu entziehen, um mich hierdurch zu nötigen, den betretenen Weg zu verlassen. – Vergebens! Wie es gewöhnlich zu geschehen pflegt, so ward auch hier durch die Hindernisse, welche meiner Neigung entgegentraten, diese Neigung nur heftiger entflammt. Entschlossen, mit jeder Entbehrung, mit jedem Opfer auf dem Pfade der Kunst vorwärts zu schreiten, vertauschte ich das Gymnasium mit der Akademie. Es fand sich auch bald ein, freilich höchst bedürftiger, Erwerb für mich. Einer meiner Mitschüler beschäftigte sich mit Kolorieren der Bonbons für Zuckerbäcker und ließ mich an dieser Arbeit Teil nehmen. Da wir indessen beide am Tage die Akademie frequentierten und sehr fleißig waren, so konnten wir diesem spärlichen Broterwerb nur die

Nacht widmen. Wir schliefen und arbeiteten abwechselnd die Nacht hindurch. Schon im zweiten und dritten Jahre hatte ich an der Akademie solche Fortschritte gemacht, daß mir erste Preise im Zeichnen des Kopfes und der Figur zuerkannt wurden. Ich begann sodann mich im Miniaturmalen und im Porträt zu versuchen. Auch mit diesen Leistungen gelang es mir einige Aufmerksamkeit zu erregen und Aufmunterung und Freunde zu gewinnen. Mehrere derselben forderten mich auf, zu dem damals begonnenen Landtage nach Preßburg zu gehen, wo es mir nicht leicht an Beschäftigung fehlen würde. Wirklich war dies auch der Fall. Ich malte mehrere Miniaturporträts, welche Beifall fanden, ward mit dem Ban von Kroatien, Grafen Gyulai, bekannt und erhielt von demselben den Antrag, als Zeichenmeister seiner Kinder bei ihm einzutreten. Mit der innigsten Freude ergriff ich diesen Antrag und folgte dem Grafen nach beendetem Landtage zu dieser meiner neuen Bestimmung nach Agram. Ich verlebte daselbst drei Jahre und in diese Zeit fallen auch meine ersten Versuche in der Ölmalerei. Natürlich konnten dieselben nicht anders als höchst mangelhaft sein, da ich ohne die geringste Anleitung, ohne die mindeste Kenntnis von den Geheimnissen der Palette zu diesen Versuchen schritt. Ja nicht einmal die nötigsten Requisiten konnte ich mir anschaffen, da zu jener Zeit in Agram nichts dergleichen zu bekommen war. Obschon ich also jahrelang akademischer Schüler gewesen war, obschon mehr als sechs Jahre verstrichen waren, seit ich mit dem glühendsten Eifer mich der Kunst gewidmet hatte, so hatte ich es doch nicht weiter gebracht, als daß ich jetzt ratlos, als vollkommener Anfänger in der wichtigsten Technik die ersten Versuche wagen mußte. In Agram ward ich auch veranlaßt, Dekorationsmalerei zu betreiben. Der dortige Theaterunternehmer hatte sich deshalb an mich wenden müssen, weil kein zweiter Maler damals in Agram zu finden war. Zu jener Zeit vermählte ich mich auch mit einer Sängerin, welche ich in Agram kennen gelernt hatte; eine Verbindung, welche, da sie durchaus nicht harmonisch war, auch nicht dauernd beglückend werden konnte und deren ich auch nur deshalb hier erwähne, weil sie insoferne in Verbindung mit meiner Kunststellung steht, daß sie nicht ohne störende Einwirkung auf dieselbe blieb, indem sie mich nötigte, meinem sehnsüchtigen Wunsche nach Wien zu gehen und mich dort ausschließlich den Fortschritten in der Kunst zu widmen, zu entsagen und mich fortwährend in Provinzstädten, wie Prag, Brünn usw. herumzutreiben. Auf diesen Kreuz- und Querzügen beschäftigte ich mich wohl mit Dekorationsmalerei, aber es war nicht daran zu denken, an eine höhere Ausbildung Hand zu legen, deren Bedürfnis ich je länger, je mehr fühlte. Da endlich meine Gattin ein Engagement nach Wien erhielt, so wurde mir denn auch das ersehnte Glück zu Teil, die Residenz, meine teure Vaterstadt, wieder zu betreten. An den Aufenthalt in derselben knüpften sich meine schönsten Hoffnungen. Mächtig regte sich in mir der Trieb zu künstlerischer

Entwicklung, ein dunkles Sehnen und Ahnen schwellte meine Brust, ich wollte das Bessere, ich strebte nach dem Höheren, aber noch war meinem Auge die Binde nicht entnommen, noch wußte ich nicht, auf welchem Wege das Ziel zu erreichen sei, noch war mir die höhere Weihe der Kunst das verschleierte Bild von Sais. Ich glaubte das Heil zu finden, wenn ich in der kaiserlichen Galerie zu kopieren begänne. Wie es bisher noch bei allen Kunstzweigen gegangen war, in denen ich mich versucht hatte, so gelang es mir, auch mit diesen Kopien Beifall zu finden. Ein Privatmann mit nicht ungeübtem Blick glaubte in diesen Bestrebungen einen Geist zu erkennen, welcher der Aufmunterung nicht unwürdig sei, und gab mir Aufträge zu ferneren Arbeiten dieser Art. Ich kopierte mehrere der besten Werke sowohl der kaiserlichen Galerie, als anderer Gemäldesammlungen, sowie einige aus der Dresdner Galerie. Auf diese Weise beschäftigte ich mich abermals fünf Jahre, dann hörten die Aufträge auf und ich stand wieder auf dem alten Punkte. Allerdings durfte ich mir selbst gestehen, ich sei ein ziemlich gewandter Techniker geworden, aber der Geist, der schöpferische Geist, der eigentlich das Kunstwerk zu einem solchen stempelt, hatte mir noch nicht gelächelt. Ich fühlte seine Mahnung, aber es fehlte die Kraft des freien Flügelschlages, mich emporzuschwingen. Was ich bis jetzt geübt – ich konnte mir es nicht verhehlen – war nur ein Versuch des Ikarus gewesen. Die wächsernen Flügel zerschmolzen vor dem Strahle der Sonne.

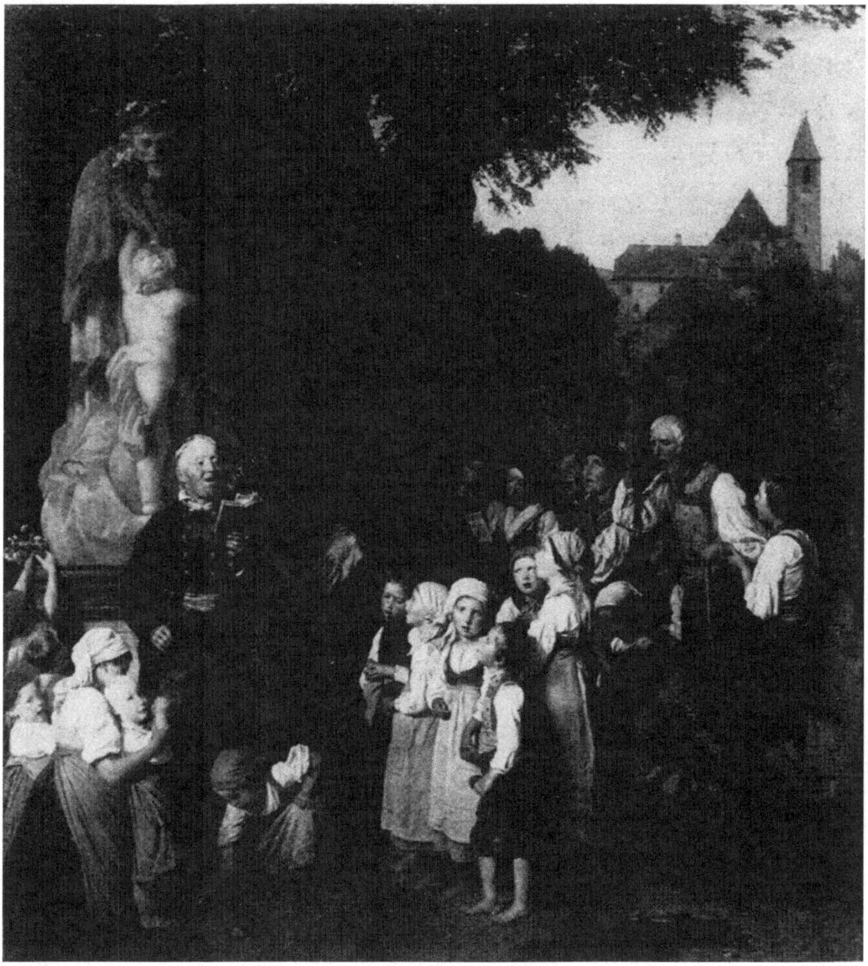

Am St. Johannis-Abend
Phot. J. Löwy, Wien

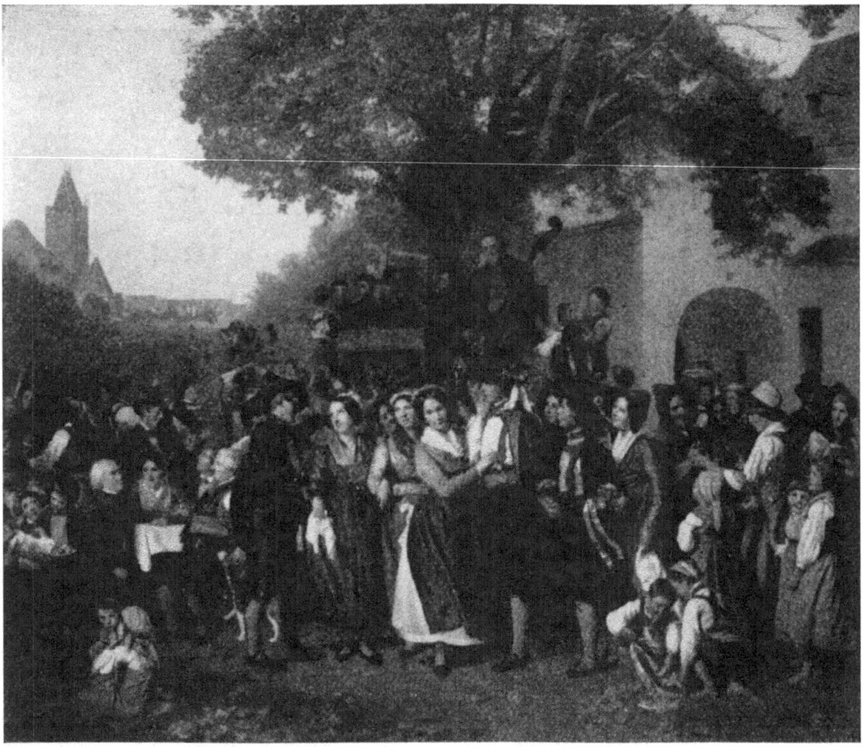

Hochzeit auf dem Lande
Phot. J. Löwy, Wien

Ich hatte mich nun wieder dem Porträt zugewendet, allein befangen in der damals herrschenden Manier, umschlungen von den Fesseln altherkömmlicher, auf meinem Bildungswege eingesogener Vorurteile, schwangen sich meine Leistungen durchaus nicht über das Gewöhnliche empor. Ich fühlte den Druck dieser Fesseln, aber ich fand die Kraft nicht, sie abzuwerfen. Ich hatte mich nie getraut, bei meinem Kopieren älterer Meisterwerke die Hintergründe selbst zu malen. Da ich dieses Fach nicht auf akademischem Wege studiert hatte, so hielt ich es für einen Frevel, Hand daran zu legen. Ich ließ also diese Hintergründe durch einen meiner Freunde, einen Landschaftsmaler, ausführen. Dieser gestaltete sie natürlich auf seine Manier, und so kam es, daß sie weder mit den Figuren, noch überhaupt mit dem Geiste des Originals in künstlerischem Einklange standen, – ein Mißstand, der natürlich höchst störend vortreten mußte. Ich erkannte dies selbst, und durch diese Erkenntnis angeregt, ging ich daran, Studien nach der Natur zu machen, welche, da ich in diesem Fache durch Kopieren noch nicht irre geleitet und verdorben war, sehr gut gelangen. Jetzt war der Moment erschienen, in welchem der erste Strahl jenes Lichtes vor mir aufdämmerte, in dessen Glanz ich – leider erst so spät – die Wahrheit erkennen lernen sollte. Durch einen solchen Zufall mußte ich die Bahn der Erkenntnis betreten. Infolge der eben erwähnten Arbeiten und des so überraschenden Gelingens derselben, ward ich zuerst und zufällig auf die Notwendigkeit und den Nutzen der Naturstudien aufmerksam gemacht. – Naturstudien! – Ein Begriff, welcher mir bis dahin völlig fremd geblieben war! Bald erfolgte eine zweite Anregung dieser Art, und zwar eine entscheidende. Herr Hauptmann von Stierle-Holzmeister beauftragte mich, das Porträt seiner Mutter zu malen. Aber – so sprach er zu mir – malen Sie mir sie genau, so wie sie ist. Diesem Auftrage gemäß versuchte ich es nun, bei diesem Porträt die Natur mit der größten Treue wieder zu geben – und es gelang! Jetzt war auch mit einem Male die Binde vor meinem Auge gefallen. Der einzig rechte Weg, der ewig unerschöpfliche Born aller Kunst: Anschauung, Auffassung und Verständnis der Natur hatte sich mir aufgetan; was so lang als Ahnung in meiner Seele erklang, war zum Bewußtsein erwacht, und obschon ich gerade nach dieser Erkenntnis mir um so weniger verhehlen konnte, wie weit ich bisher vom rechten Weg abgeirrt war, so stand mein Vorsatz doch fest, ihn von nun an nie mehr zu verlassen und mit aller mir zu Gebote stehenden Kraft zu streben, das Versäumte nachzuholen. Ich hatte eine doppelte Aufgabe zu lösen, eine positive und eine negative; die eine war, Neues zu erlernen, die andere, Erlerntes zu vergessen. Bekanntlich ist das letztere weit schwieriger als das erstere, und doch war es unerläßliche Bedingung, mich von der Imitation und Manier loszusagen, in welchen ich früher das Wesen der Kunst begründet glaubte. Im vorgerückten Mannesalter geschieht das Losreißen von solange genährten Vorurteilen nicht ohne die größten Anstrengungen. Ich überwachte mich indes auf das strengste und strebte rastlos, mich immer mehr auf dem Wege des Studiums der Natur zu vervollkommnen. Auch war ich fleißig daran, durch das Studium kunstliterarischer Werke meine Erkenntnis zu erheben und zu klären. Das meisterhafte Buch des trefflichen, leider uns nun schon durch den Tod entrissenen Kanonikus Speth „Die Kunst in Italien“ gab mir die lebhafteste Anregung, dieses Land auch selbst zu bereisen und seine Kunstschätze zu studieren. Ich tat es, wiederholte diese Reisen mehrere Male und sie waren von großem, wichtigen Einfluß auf meine künstlerische Wirksamkeit. Das Anschauen der zahllosen in dem schönen Italien gehäuften Werke der größten Meister erschloß meinem Sinne die ganze Größe, Herrlichkeit und Bedeutung der Kunst. Im regsten Kampfe meines Innern fühlte ich mich bei dieser Erkenntnis entmutigt und begeistert zu gleicher Zeit. Entmutigt, weil ich eben im Anschauen solcher Werke die gänzliche Mangelhaftigkeit alles bisher von mir Geleisteten erkannte, und es mir sehr problematisch erscheinen mußte, ob ich in einem Alter von 35 Jahren noch hoffen durfte, einen Standpunkt zu erreichen, wo ich den Anforderungen, wie ich sie im Sinne der jetzigen Entwicklung meiner Ansichten und Begriffe an künstlerische Leistungen stellen mußte, entsprechen könne. Begeistert hingegen fühlte ich mich eben zu dem Vorsatz, mit aller Kraft nach dem Höchsten zu ringen und nur der Wahrheit und Natur zu huldigen, wie jene großen Meister taten, deren unsterbliche Werke vor meinen Blicken glänzten. So war mir endlich die Wahrheit klar geworden. Ein ferneres Irren war unmöglich. Alle meine Studien und Bestrebungen geschahen in diesem Geiste, in dieser Richtung. Im Jahre 1830 besuchte ich Paris, um die Arbeiten der neuen französischen Schule zu studieren, deren treffliche Leistungen ein neuer Sporn für mich waren, in dem seit Jahren schon von mir versuchten Genrefach tätig zu bleiben. In diesem Jahre erhielt ich auch die Anstellung als Professor an der k. k. Akademie der bildenden Künste in Wien, dann als erster Kustos der dieser Akademie eigentümlich angehörigen, weiland gräflich Lambergschen Gemäldesammlung, endlich als akademischer Rat. Jene Zeit, welche die Ausübung der Berufsgeschäfte, welche mit dieser meiner Stellung verbunden waren, mir übrig ließ, benutzte ich rastlos zu steter Ausbildung, zu emsigem Fortschritt auf der betretenen Bahn. Ich wiederholte, um meine Erfahrungen zu vermehren, die Reisen nach Italien und dehnte sie auch nach Sizilien aus, wo ich ein paar Jahre hintereinander meine Ferienzeit in eifrigen Studien verlebte. Ein eigener, mein Nachdenken seit Jahren auf das lebhafteste beschäftigender Gegenstand war der Kunstunterricht. Der hier von mir geschilderte Gang meines eigenen Lebens bot mir nur allzureichen Stoff zu diesem Nachdenken. Ich hatte es an mir selbst erfahren müssen, an welchen Gebrechen die bisherige Lehrmethode kränkle, welch ein tief gefühltes Bedürfnis es sei, zu Reformen in dieser Beziehung zu schreiten, und ich glaubte überzeugt sein zu dürfen, auf dem Wege, auf welchem ich zur Erkenntnis der Wahrheit gelangt war, die Fingerzeige gefunden zu haben, wie diese Reformen auf das zweckmäßigste und fruchtbringendste zu bewerkstelligen wären. Nach mannigfachen Studien, Prüfungen und Erwägungen hatte ich mir eine Theorie über eine neue Lehrmethode gebildet, welche meiner Ansicht nach alles in sich vereint, was diesem Bedürfnis entspricht. Es kam nur darauf an, diese Theorie in der praktischen Ausführung zu bewähren. Die Resultate übertrafen selbst meine kühnsten Erwartungen. Fräulein Rosalia Amon war die erste von mir nach dieser Theorie unterrichtete Schülerin; ihre Arbeiten erregten in den Ausstellungen allgemeine Aufmerksamkeit. Auch bei den folgenden Schülern, welche ich nach dieser Methode unterrichtete, bewährte sich dieselbe in einem Maße, welches wahrhaft staunenerregend genannt werden darf. Ein vergleichender Blick auf die Vergangenheit meiner eigenen Laufbahn mit der Gegenwart und Zukunft jener nach dieser Lehrmethode unterrichteten Schüler mußte meine Überzeugungen unerschütterlich machen. Die öffentliche Meinung und das Urteil achtbarer und unparteiischer Kunstgenossen legt auf dem Standpunkte, zu welchem ich gelangte, meinen künstlerischen Leistungen einiges Verdienst bei. Von welcher Art dieses Verdienst immer sein mag, ich erwarb es nur infolge der Erkenntnis, daß die Natur die einzige Quelle und Summe unseres Studiums sein müsse, daß in ihr allein jene ewige Wahrheit und Schönheit zu finden sei, deren Ausdruck in jedem Zweige der bildenden Kunst das höchste Ziel des Künstlers sein müsse. Diese Erkenntnis in dem Schüler zu wecken, ihn zu der Befähigung, dieselbe kunstgemäß zu benützen, auf dem kürzesten, einfachsten, durch keinerlei Zwischenmittel beengten Wege zu leiten, dies allein kann das Ziel des Unterrichts sein. Daß die bisher in Übung gewesene Methode diesen Prinzipien nicht entspricht, dürfte wohl kaum geleugnet werden. Einen Beweis dafür (und es dürfte leicht werden, hundert ähnliche aufzufinden) glaube ich eben in der Darlegung meiner eigenen Laufbahn gegeben zu haben. Wie spät gelangte ich zur Erkenntnis der Wahrheit, wie lange, nachdem die Zeit der Jugend, der Kraftperiode des Schaffens und Bildens, in einer langen Reihe von Irrtümern, fruchtlosen Versuchen und verwerflichen Bestrebungen verstrichen war, und selbst da mußte nur ein Zufall mich die Wahrheit erkennen lassen! Wie manches Talent, wie viel schöner Beruf dürfte nicht vielleicht ungekannt und ungewürdigt untergehen, vergebens auf den Zufall harrend, der das Rechte zeigt? Betrachte ich dagegen die künstlerische, freudige, kräftige Entwicklung jener jungen Leute, welche auf dem Wege meiner Lehrmethode den Elementar-Unterricht empfingen, sehe ich, wie sie schon nach wenigen Monaten auf einer Stufe der Erkenntnis und der technischen Befähigung stehen, auf welche ich und so viele meiner Kunst- und Studiengenossen erst nach jahrelangem Irren in dunklen Labyrinthen gelangten, dann fühle ich in Erwägung dieses Kontrastes, es sei mir eine heilige Pflicht, in dieser Richtung den Weg zu bahnen, den Strahl des Lichtes zu verbreiten, unbekümmert, ob auch manches Auge dadurch geblendet werden möge.

(Aus der Vorrede zur 2. Aufl. von Waldmüllers Broschüre „Das Bedürfnis eines zweckmäßigen Unterrichts in der Malerei und plast. Kunst. 1847".)

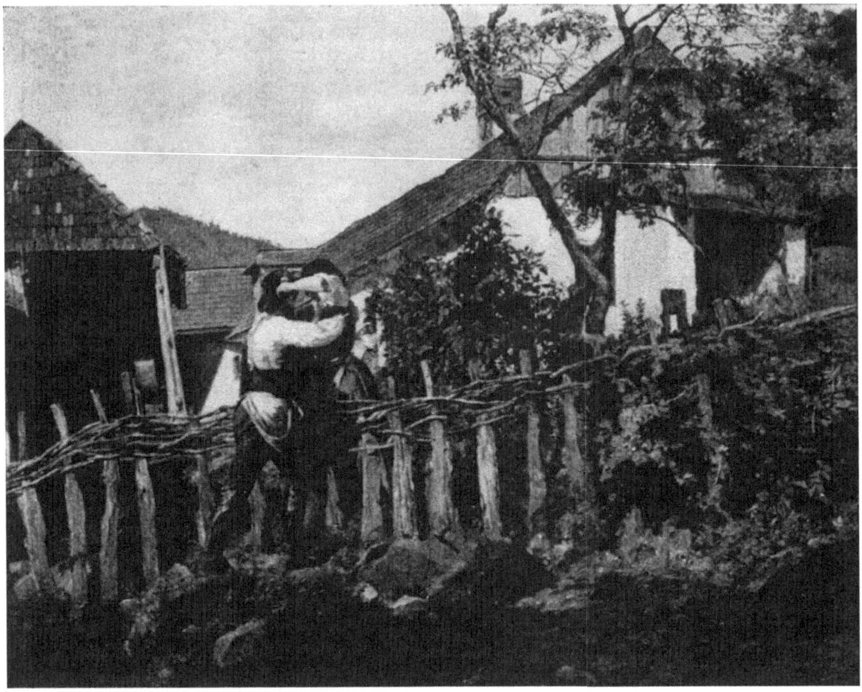

Die glücklichen Nachbarn
Phot. F. Bruckmann, A.-G., München

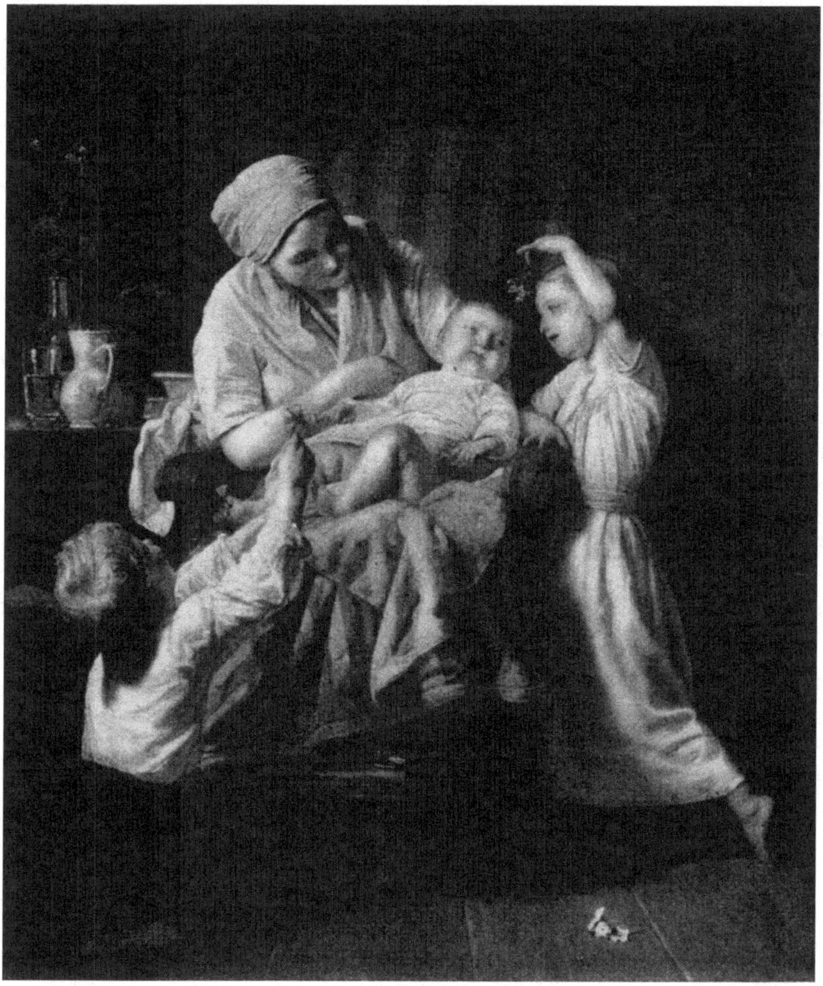

Mutterglück
Phot. J. Löwy, Wien

Waldmüller an die k. k. Steuerbehörde. (1855.)

Hochlöbliche k. k. Steuer-Administration!

Ich habe zwar am 13. März d. Js. mich zu Entrichtung einer Erwerbssteuer von 5 fl. C.-M. und in Raten zahlbar bereit erklärt. Ich hatte damals noch Aussichten, einige meiner in das Ausland versendeten Gemälde verkauft zu sehen, allein diese Hoffnung ist leider vereitelt worden. Zwar haben meine Bilder in Erfurt, Hannover, Dresden und Pest die vollste Anerkennung als gute Kunstleistungen gefunden, allein man hat dennoch den Ankauf abgelehnt, und zwar aus dem Grunde, weil man es vorzog, selbst schwächere Werke von einheimischen Künstlern zu aquirieren. So unangenehm nun diese vereitelte Hoffnung mich berührt, so muß ich doch gestehen, daß ich eine solche patriotische Rücksicht nur als gerecht und billig anerkennen muß. Es wäre wohl zu wünschen, daß wir österreichischen Künstler uns einer gleichen aufmunternden Berücksichtigung im Vaterlande erfreuen könnten, und ein gleichmäßiges Verfahren wie dort gegen fremdländische Kunst einträte.

Ich sehe mich daher infolge dieser vereitelten Hoffnung außer Stand gesetzt, die oben erwähnte Steuer zu entrichten.

Ich erlaube mir indessen zu bemerken, daß der vaterländischen Kunst ein schöner Hoffnungsstrahl durch eine neuerliche Verfügung Sr. k. k. apost. Majestät leuchtend geworden ist. Der Monarch hat Allergnädigst für den Dombau in Speyer die namhafte Summe von 50000 fl. C.-M. zu spenden geruht. Dieser Beweis der Geneigtheit Seiner Majestät, die Kunst zu unterstützen, ist wohl geeignet, in uns die Hoffnung zu wecken, daß auch die vaterländische Kunst sich einer gleich huldvollen Berücksichtigung zu erfreuen haben werde. Sie bedarf deren nur allzu sehr, da es gewiß ist, daß sie nur in dem Sonnenscheine solcher Huld zur Blüte und Reife und zur Ehre des Vaterlandes selbst herangedeihen könne.

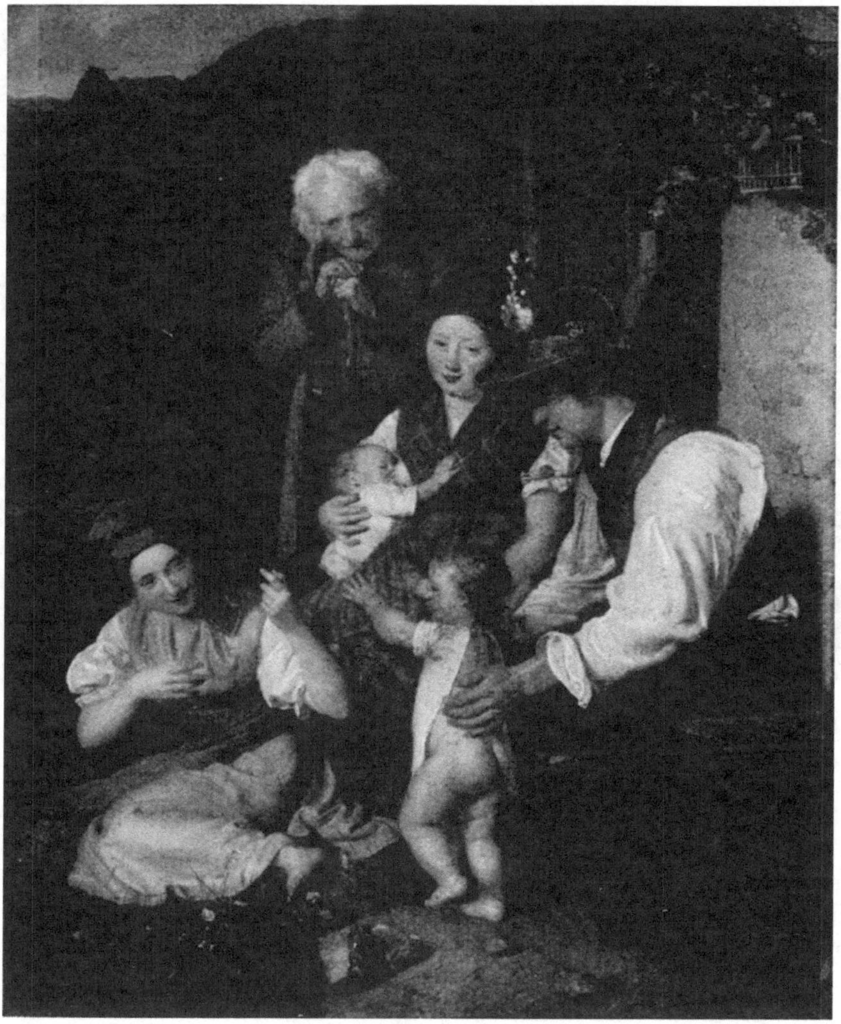

Die ersten Schritte
Phot. J. Löwy, Wien

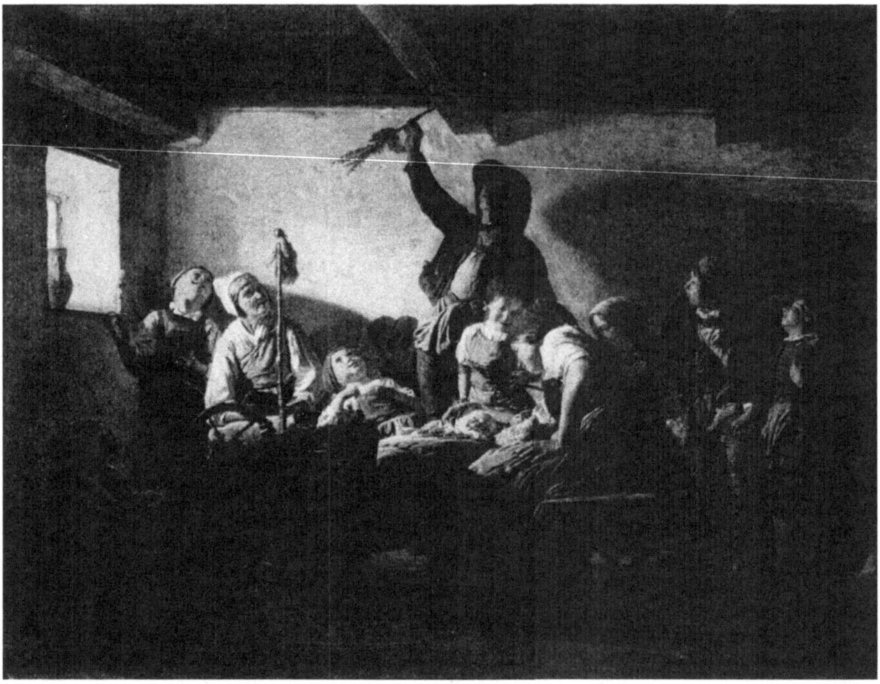

In der Wiege
Phot. J. Löwy, Wien

Sollten sich diese schönen Hoffnungen verwirklichen und der vaterländischen Kunst Ermunterung durch Aufträge von Kunstwerken zu monumentaler Bestimmung in Kirchen oder öffentlichen Gebäuden oder zum Privatbesitze Allerhöchster Personen oder Behörden zu Teil werden, so bin ich gern bereit, als Patriot meinem Wunsch zu entsprechen, von meinem Erwerbe zu den Staatskosten beizutragen und zwar in der Weise, daß ich mich verpflichte und eidlich gelobe, von dem Ertrage aller durch die Regierung oder hohe Behörden bei mir bestellten und angekauften Werke ein Prozent abzulassen; da ich mich, ungeachtet ich bereits das 62. Lebensjahr erreicht habe, noch in ungeschwächter geistiger und körperlicher Rüstigkeit fühle, noch sehr produktiv bin, und eine solche Anerkennung für vaterländische Kunst meine Begeisterung, Neues und Würdiges zu schaffen, zu höchster Potenz steigern würde, so dürfte in dem angegebenen Falle meine Steuerabgabe sich vielleicht jährlich auf 40–60 fl. C.-M. erheben können. Unter den gegenwärtigen Verhältnissen aber, wo eben die vaterländische Kunst fast ganz ignoriert wird, sehe natürlich auch ich mich trotz meiner fortgesetzten Tätigkeit in meinem künstlerischen Erwerbe auf das äußerste beschränkt. Ich schäme mich nicht, dies offen zu gestehen, denn diese Verhältnisse wirken bedauerlich nicht auf mich allein, und ich habe daher ihr Bekanntgeben nicht zu scheuen. So besitze ich gegenwärtig als Resultat eines unermüdlichen aber unbelohnten Fleißes 34 seit mehreren Jahren von mir vollendete Gemälde, welche ich weder an Private, noch an den Kunstverein verkaufen konnte. Der Gehalt in meiner Anstellung als Custos der akademischen Galerie, 800 fl., ist sehr gering.

Ich habe nie um eine Erhöhung desselben nachgesucht und es stets mit der Würde eines wahren Künstlers unvereinbar gehalten, in dieser Beziehung mich um Protektion zu bewerben, und so geschah es denn auch, daß ich bei der Reorganisierung der Akademie, wo die Stellung vieler meiner Kollegen, welche sich weder um den Unterricht, noch um die vaterländische Kunst überhaupt so verdient gemacht haben, wie dies – ich darf es ohne Anmaßung und Unbescheidenheit sagen – bei mir der Fall gewesen, so berücksichtigt wurde, daß sie Gehalte von 2000 bis 3000 fl. beziehen, völlig ignoriert blieb, so daß die Akademie-Diener jetzt mit der Hälfte jenes Gehaltes (400 fl.) bedacht sind, den ich beziehe. Ich weiß mich übrigens zu bescheiden, und nach diesem beschränkten Einkommen mich einzurichten: Ich verstehe das Opfer zu bringen, mir Entbehrungen aufzuerlegen und früher gewohnten Bequemlichkeiten und Genüssen zu entsagen, um mich von Schulden frei zu halten und meiner Stellung als Staatsdiener keine Unehre zu machen. So habe ich in meiner Wohnung von drei Zimmern mich und meine Gattin auf ein einziges Zimmer beschränkt und vermiete die beiden andern. So habe ich in allen Zweigen meines Hauswesens die äußerste mit dem Anstand vereinbare Beschränkung eintreten lassen, um mit Ehren zu bestehen.

Mein geringes Ersparnis aus günstigeren Zeiten habe ich zur Etablierung eines kleinen Modisten-Geschäftes für meine Gattin verwendet, um ihre Zukunft möglichst zu sichern, um nach meinem Tode dem Staate nicht zur Last zu fallen. Ich habe mich zu dieser genauen Auseinandersetzung meiner ökonomischen Verhältnisse, über deren genaue, strenge Wahrheit jederzeit die vollständige Überzeugung verlangt werden kann, verpflichtet gehalten, um mein Unvermögen, mich mit einer Erwerbssteuer zu beteiligen, in das Licht zu setzen. Ich darf noch beifügen, daß ich aus wahrhaftem Patriotismus das für mich und meine gegenwärtige Lage wirklich schwere Opfer gebracht, mich mit 100 fl., in monatlichen Raten zahlbar, bei den National-Anleihen zu beteiligen, daß ich mich also recht gern bereit finden lassen würde, auch im übrigen als ein patriotischer Staatsbürger zu steuern, aber leider stellt sich aus dem oben Angeführten heraus, daß ich in meinen jetzigen Verhältnissen im allgemeinen, und speziell in bezug auf die Kunst keinen Erwerb besitze, der mir verstattete, mich auch nur zur geringsten Steuer verstehen zu können.

Mit Hochachtung Euer Hochlöblichen Steuer-Administration

Ergebenster

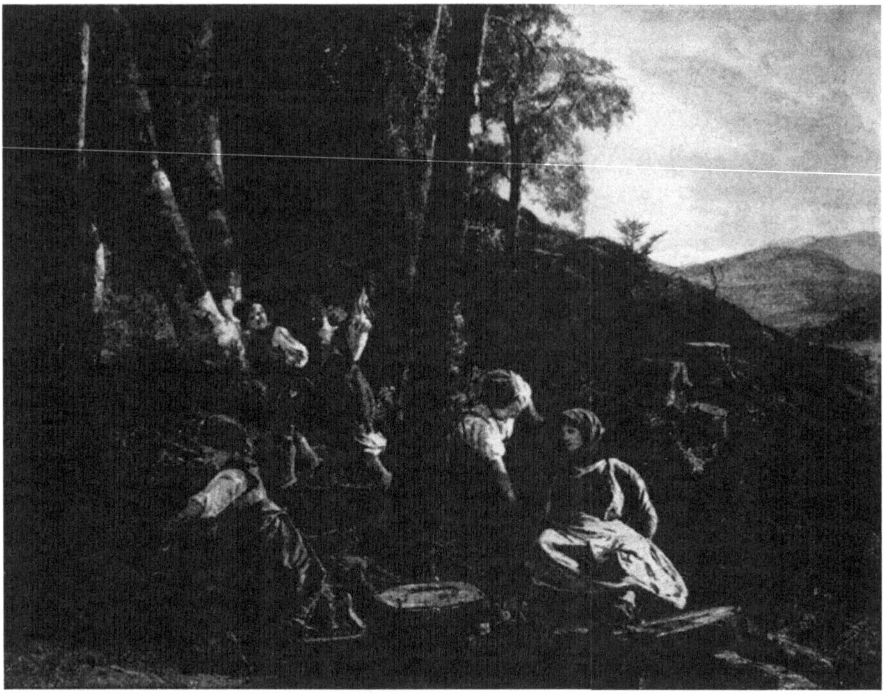

Im Wiener Wald
Phot. J. Löwy, Wien

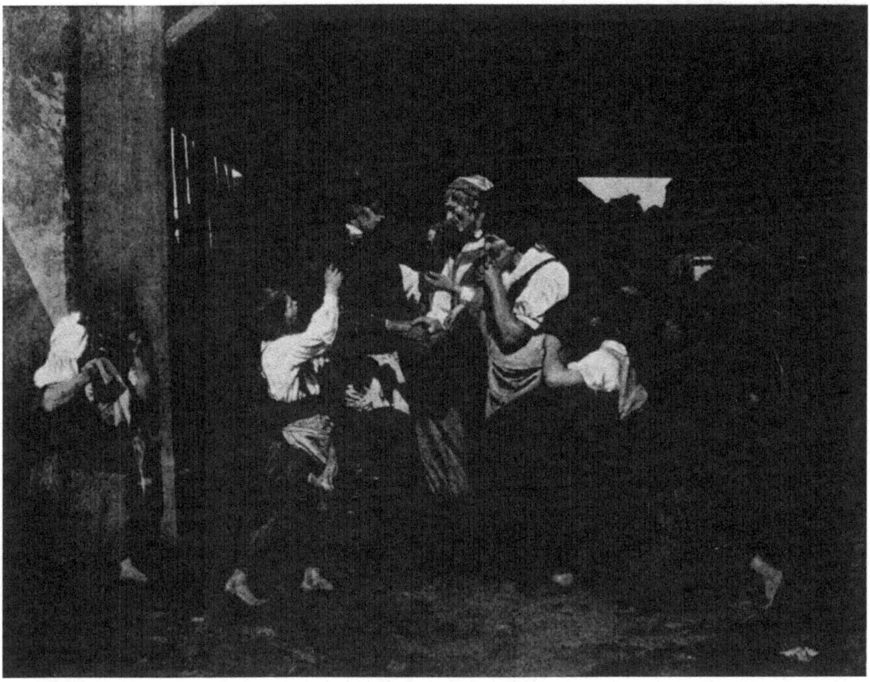

Abschied des Einberufenen
Phot. J. Löwy, Wien

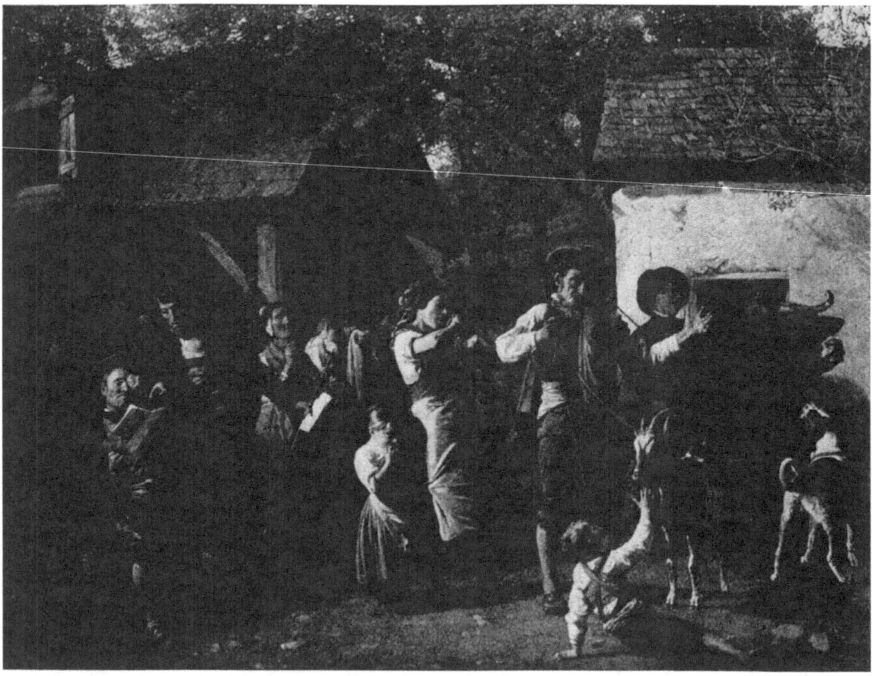

Die Pfändung
Phot. J. Löwy, Wien

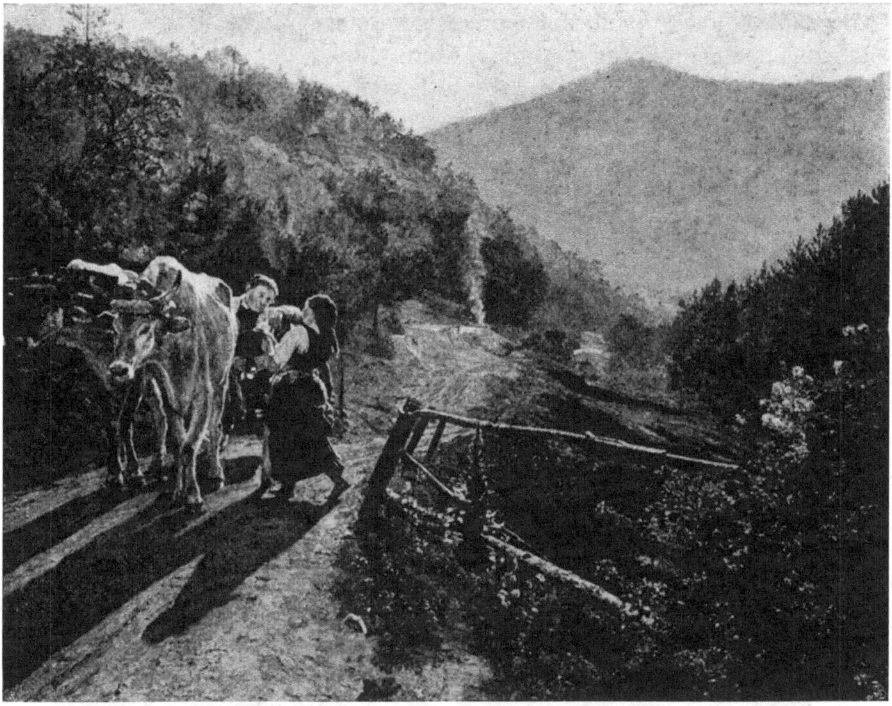

Landschaft mit Ochsengespann
Phot. F. Bruckmann, München

Kunst und Staat

(Aus den nachgelassenen Schriften Waldmüllers)

Wenn die schönen Künste die edelsten Genüsse bieten, das Leben verschönern, dem Staate, wo sie heimisch sind und gepflegt werden, Wohlstand, Ruhm und Ehre geben, die Sitten veredeln, moralisch tief wirken, zu allen Großtaten, zum Patriotismus anfeuern, dann sollte kein Staat säumen, jene nötigen Kapitalien daranzuwenden, die solche Zinsen tragen. Er wird allen anderen Staaten vorangehen und mächtig sein. Die Kunst ist reich, sie spendet nach Jahrhunderten noch ihre Gaben der Nachkommenschaft. Mozart der Unvergleichliche, Originelle, immer noch Neue (denn wahre, echte Kunst altert nicht, sie ist kein Flitter, kein Tand) dient uns zu einem eben erlebten Beispiele. Wie auch nach ihm andere Meister in anderer Kunstrichtung Beifall ernten, er bleibt unvergessen, er verschafft durch seine ausgezeichneten Werke, durch die Aufführung derselben, jene Begeisterung für das Wahre in der Tonkunst, nämlich Wahrheit in der Idee, richtige Charakteristik, ohne erst durch Effekthascherei zu gefallen. Die Ausführung nur einiger seiner Werke verschafft Armen, Dürftigen augenblicklich Abhilfe, wenn ihnen der reiche Ertrag dieser Aufführung zugewendet wird. Er aber, der große Meister, hat für seine genialen Leistungen nicht im entferntesten solchen Lohn in seinem sorgenvollen Leben erhalten. Ehret die Toten, aber noch mehr die Lebendigen, erspart euch eine Beschämung für alle künftigen Zeiten! Man sieht ja deutlich, daß der österreichische Staat wie jeder andere, zu allen Zeiten Talente besessen hat und besitzt; er ist von der Natur nicht stiefmütterlich bedacht – aber wie viele, die nicht zufällig ans Licht gelangten, sind untergegangen, weil man der Kunst den Rücken gewendet hat.

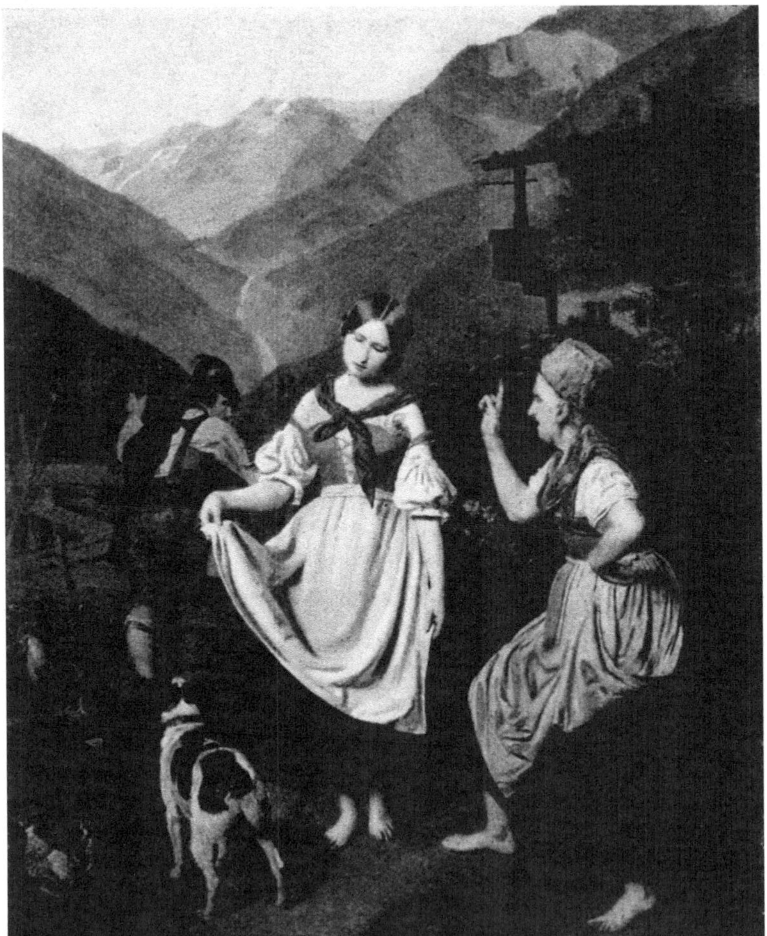

Mütterliche Ermahnung
Phot. J. Löwy, Wien

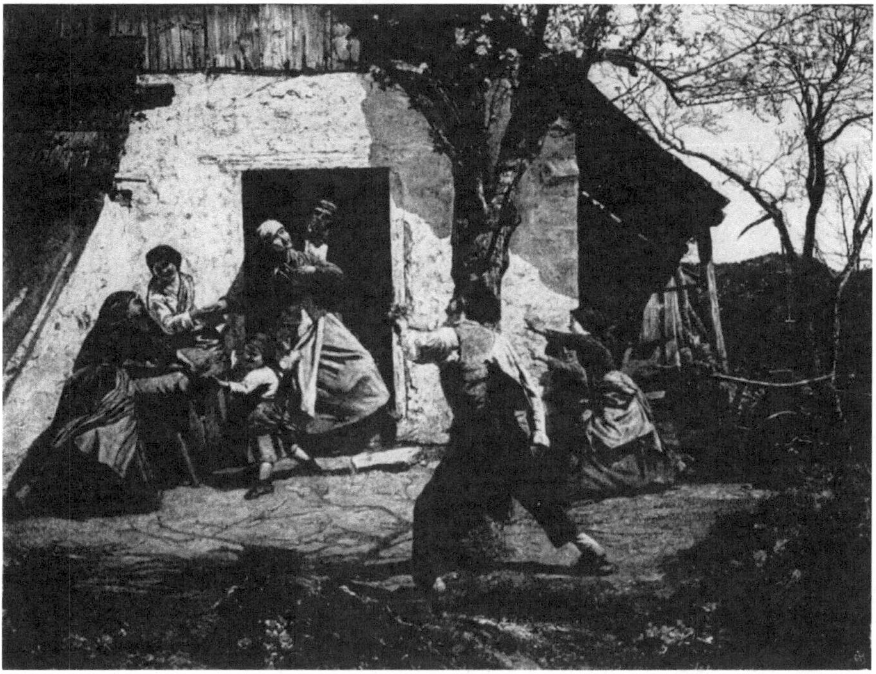

Die Wiedergenesene
Phot. F. Bruckmann, München